VOM LICHT KAM DAS LICHT

VOM LICHT KAM DAS LICHT

Meditationen durch das Jahr

Bronzereliefs
von Martin Gundolf

Textauswahl
von Agnes Ennemoser

Tyrolia-Verlag · Innsbruck-Wien

Mitglied der Verlagsgruppe „engagement"

Die Deutsche Bibliothek – CIP-Einheitsaufnahme

Vom Licht kam das Licht : Meditationen durch das Jahr /
Bronzereliefs von Martin Gundolf.
Textausw. von Agnes Ennemoser. –
Innsbruck ; Wien : Tyrolia-Verl., 1996
ISBN 3-7022-2025-9
NE: Gundolf, Martin; Ennemoser, Agnes

1996
Alle Rechte bei der Verlagsanstalt Tyrolia, Innsbruck
Bibeltexte: Einheitsübersetzung der Heiligen Schrift
© 1980 Kath. Bibelanstalt GmbH Stuttgart und
Österr. Kath. Bibelwerk Klosterneuburg
Umschlaggestaltung: Mag. Elke Staller
Satz, Druck und Bindung: Athesia-Tyrolia Druck, Innsbruck

VORWORT

Ein Buch wie dieses verträgt kein langes Vorwort. Es empfiehlt sich selbst. Text wie Kunstwerk sind eingetaucht in das strahlende Geheimnis der Erlösung, und beides ist in seinem Ausdruck so schlicht und bewegend, daß man sich lieber mit Kommentar und Deutung zurückhält, und nur reine stille Freude darüber empfindet, daß in Zeiten wie diesen in unserer Heimat solche Tore in die Tiefe aufgehen.

Dr. Reinhold Stecher
Bischof von Innsbruck

Genesis

Lichter sollen am Himmelsgewölbe sein,
um Tag und Nacht zu scheiden.
Sie sollen Zeichen sein und zur Bestimmung
von Festzeiten, von Tagen und Jahren dienen;
sie sollen Lichter am Himmelsgewölbe sein,
die über die Erde hin leuchten.
So geschah es.

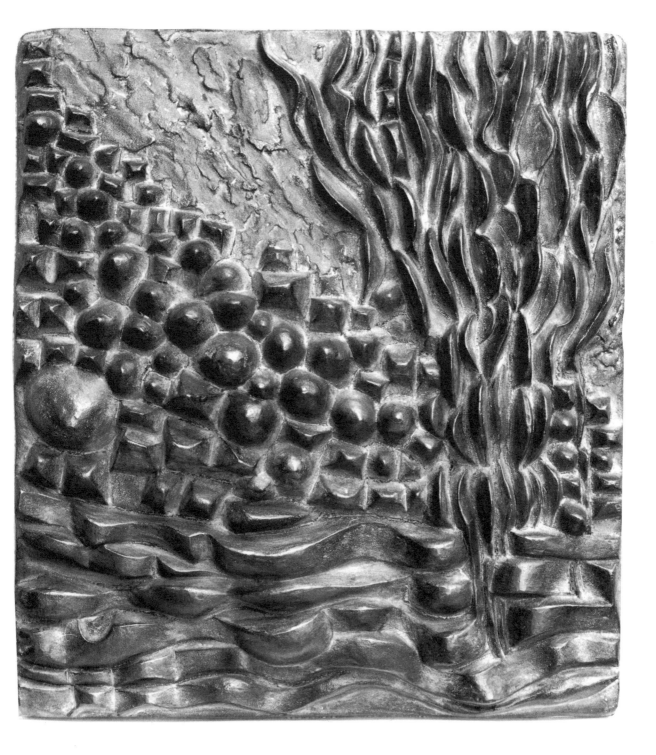

DEZEMBER

Verkündigung des Herrn

Zur Erde kam das Licht vom Licht.

JÄNNER

Erscheinung des Herrn

Auf Zion, werde licht,
denn es kommt dein Licht,
und die Herrlichkeit des Herrn
geht leuchtend auf über dir.

FEBRUAR

Abendmahl

Das ist mein Leib für euch.
Dieser Kelch ist der
neue Bund in meinem Blut.
Tut dies, sooft ihr daraus trinkt,
zu meinem Gedächtnis.

MÄRZ

Rufmord

Der Verräter hatte mit ihnen ein Zeichen
verabredet und gesagt: Der, den ich küssen
werde, der ist es; nehmt ihn fest.
Jesus erwiderte ihm: Freund, dazu bist du
gekommen?

APRIL

Auferstehung – Auferweckung

Der auferstandene Christus trägt die neue Menschheit in sich, das letzte herrliche Ja Gottes zum neuen Menschen.
Zwar lebt die Menschheit noch im alten, zwar lebt sie noch in einer Welt des Todes, aber sie ist schon über den Tod hinaus, zwar lebt sie noch in einer Welt der Sünde, aber sie ist schon über die Sünde hinaus.
Die Nacht ist noch nicht vorüber, aber es tagt schon.

MAI

Christi Himmelfahrt

Herr, deine Güte reicht, so weit der Himmel ist,
deine Treue, so weit die Wolken ziehn.
Denn bei dir ist die Quelle des Lebens,
in deinem Licht schauen wir das Licht.

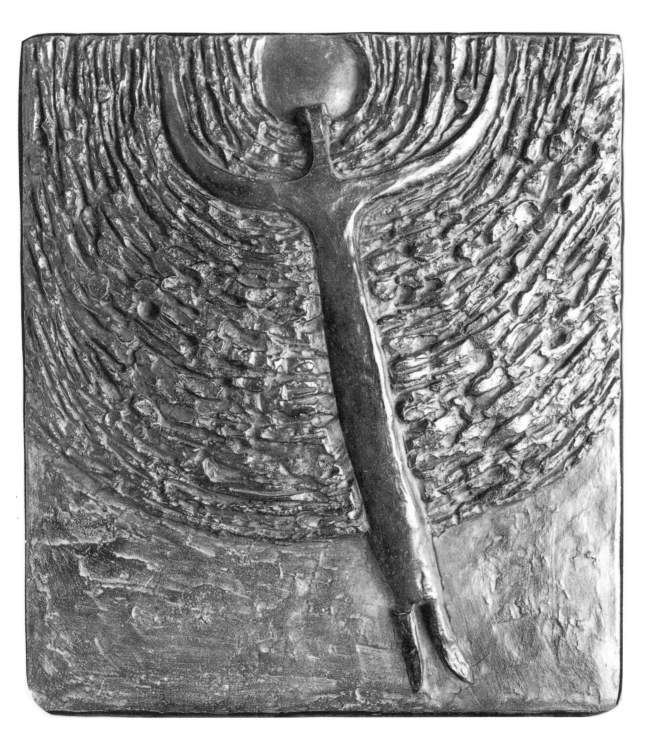

JUNI

Pfingsten

Die Liebe Gottes ist ausgegossen in unsere
Herzen durch den Heiligen Geist,
der uns gegeben ist.

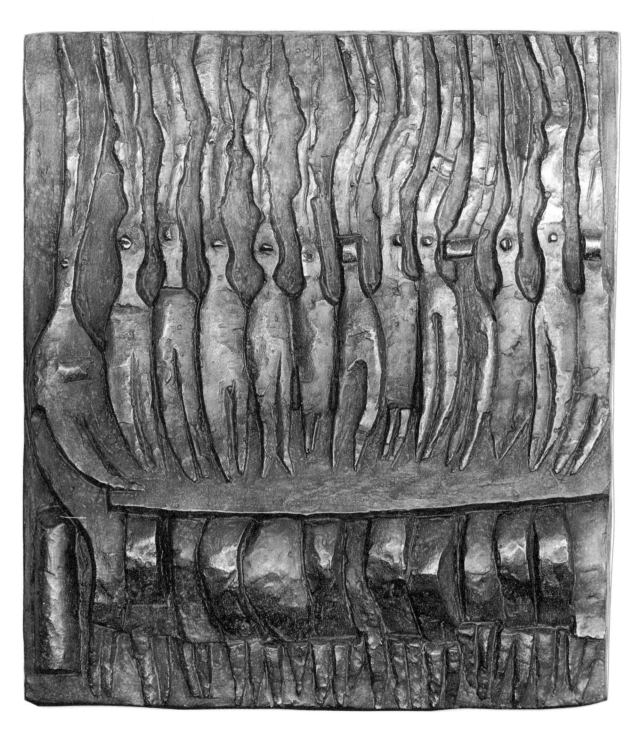

JULI

Beten

Der Herr stützt alle, die fallen,
und richtet alle Gebeugten auf.
Der Herr ist allen, die ihn anrufen, nahe,
allen, die zu ihm aufrichtig rufen.
Alle, die ihn lieben, behütet der Herr.

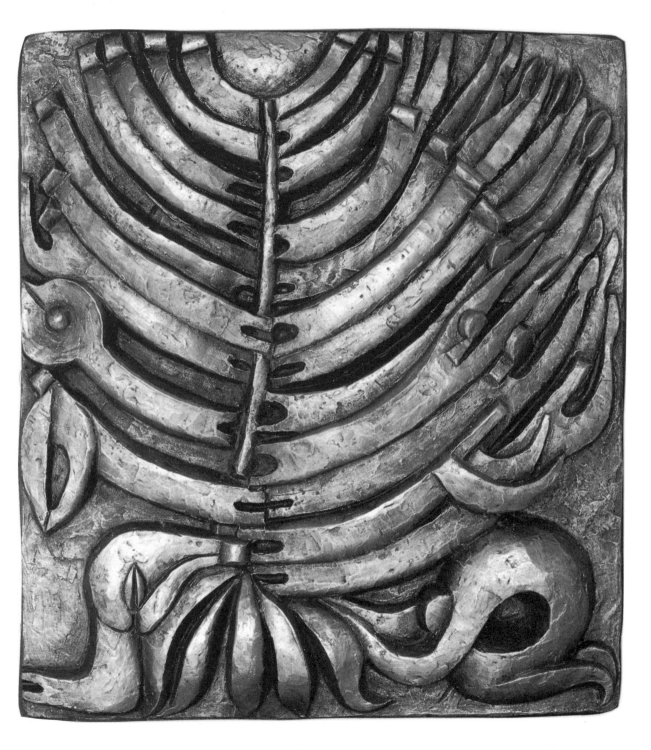

AUGUST

Sendung

Geht zu allen Völkern
und macht alle
Menschen zu meinen Jüngern.
Ich bin bei euch alle Tage
bis zur Vollendung der Welt.

SEPTEMBER

Engel – Boten Gottes

Lobt den Herrn, ihr seine Engel,
ihr starken Helden, die seine Befehle
vollstrecken, seinen Worten gehorsam!

OKTOBER

Sonnengesang

Gepriesen seist du, mein Herr, durch unsere
Schwester, Mutter Erde, die uns nährt.
Sie gebiert viele Früchte und bunte Blumen
und Kräuter.
Lobt und preist den Herrn und sagt ihm Dank
und dient ihm in großer Demut.

NOVEMBER

St. Martin

Amen, ich sage euch:
Was ihr für einen meiner geringsten Brüder
getan habt, das habt ihr mir getan.

DEZEMBER

Geburt des Herrn

Durch die barmherzige Liebe unseres Gottes
wird uns besuchen das aufstrahlende Licht.

Textnachweis

Genesis	Gen 1,14–15
Erscheinung des Herrn	Jes 60,1
Abendmahl	1 Kor 11,24–25
Rufmord	Mt 26,48.50a
Auferstehung – Auferweckung	Dietrich Bonhoeffer
Christi Himmelfahrt	Ps 36,6.10
Pfingsten	Röm 5,5
Beten	Ps 45,14.18.20a
Sendung	Mt 28,19a.20b
Engel – Boten Gottes	Ps 103,20
Sonnengesang	Franz von Assisi
St. Martin	Mt 25,40
Geburt des Herrn	Lk 1,78

Martin Gundolf, geboren am 2. Juli 1928 in Wenns/Pitztal, lebt als Bildhauer in Telfs. Er war Schüler von Prof. Hans Pontiller an der Bundesgewerbeschule in Innsbruck. Studienreisen führten ihn durch ganz Europa, Ägypten und den Vorderen Orient. Seine Arbeiten waren in vielen Ausstellungen im In- und Ausland zu sehen und befinden sich in privater Hand, in öffentlichen Institutionen, Kirchen und Museen. Der Bogen seines künstlerischen Werkes reicht vom kleinteiligen Relief über modellierte Kopf- und Kleinplastiken bis zur Freiplastik und großflächigen Wandgestaltung. Er arbeitet in sämtlichen Materialien. Martin Gundolf wurde mehrfach mit Preisen ausgezeichnet – 1972 mit dem Theodor-Körner-Preis – und erhielt 1982 den Professorentitel.

Agnes Ennemoser, geboren 1933 in Roppen, tätig als Lehrerin für Modedesign und Religion an der Höheren Bundeslehranstalt für Land- und Hauswirtschaft Kematen, engagiert in der Jugendarbeit. „Der Glaube ist für mich die Vertiefung des Lebens", so charakterisiert sie ihre Arbeit.